AF619958

MACIZO DE LA PICA D'ESTATS

Miquel J. Pavón Besalú

Geógrafo

www.posets.com

1ª edición, marzo del 2012.

Safe Creative: 1204191503763.

Dedico este libro

A mi hijo Néstor.

ÍNDICE

INTRODUCCIÓN

El macizo de la Pica d'Estats está en el Pirineo y es fronterizo entre la comarca del Pallars Sobirà de Catalunya (España) y el departamento de l'Ariège de Occitania (Francia). Tiene varias cumbres que superan los 3000 metros y son de toda la cordillera pirenaica las que están más cerca del mar Mediterráneo. La cumbre que tiene más altura del macizo es la Pica d'Estats y se la considera como la más alta de Catalunya.

Las cumbres de más de 3000 metros del macizo son:

- Sotllo (3072 m).
- Montcalm (3077 m).
- Pic Verdaguer (3159 m).
- Pica d'Estats (3169 m).
- Punta Gabarró (3114 m).
- Pic Rodó de Canalbona (3004 m).

En el macizo hay también algunas cumbres interesantes que no superan los 3000 metros y que tienen su interés alpinístico fuera de toda duda. Entre ellas destacaría: la Pica Roja (2903 m), el pic de Baborte (2938 m), el Monteixo (2905 m) y els Guins de l'Ase (2962 m).

El acceso normal a las cumbres principales por el norte es por la vertiente francesa de Pinet pasando por el coll de Riufred. Mientras que, por el sur es por la vertiente catalana-española de Vallferrera pasando por el port de Sotllo. Cada opción tiene su correspondiente refugio aunque el francés se encuentra a una cota mucho más interesante que el del lado catalano-español que se encuentra más bajo y lejos. También existe la posibilidad de realizar ascensiones desde los valles anexos de Broate y Baborte. Estos dos valles están equipados con pequeños refugios metálicos y de libre acceso.

La primera ascensión deportiva declarada a la cumbre principal de la Pica d'Estats fue en el año 1864. Fue realizada por Henry Russell y Jean-Jacques Denjean.

"A partir de Luchon, los Pirineos pierden altura hacia el Este. El conjunto de esta región, a pesar de la incuestionable belleza de sus detalles y el lujo de su flora, ofrece una cierta monotonía y tiene menos majestuosidad que el resto de la cordillera. Los picos pierden un poco del carácter alpino: son menos altos, menos atrevidos, menos nevados y a pesar de que algunas cumbres pasan de los tres mil metros no se encuentra, al este de los Montes Malditos, un solo glaciar real: son neveros, con la nieve más o menos agrietada .... Pero lo que le da su gran encanto a los Pirineos Mediterráneos, es su Sol, el mejor amigo del montañero: son sus aguas soberbias, sus lagos sin nombre y sus grandes cascadas, sus flores y la elegancia de sus alrededores. Estas montañas tienen una gracia femenina, una poesía, que le falta a las cumbres glaciales, abruptas y tempestuosas del centro y del oeste de la cordillera. Inspiran menos terror, enternecen, y se hacen querer no sé cómo. Si se desea, también uno se puede romper el cuello: no le faltan precipicios".

Henry RUSSELL

INFORMACIÓN TURÍSTICA

La Vall Ferrera recibe el nombre por la explotación del mineral de hierro mediante el sistema de *"fargues"* y que complementaba las actividades agropecuarias y forestales del valle. En la vertiente catalana del Pallars Sobirà hay conservados muchos edificios de interés histórico-artístico y arquitectònico. Los más relevantes de la zona son la iglesia visigótica de Sant Francesc d'Araós, el conjunto arquitectònico de la Força d'Àreu, la Torre d'Alins, la iglesia de Santa Maria de la Torre y las ermitas de Sant Quirç d'Alins, Sant Lliser de Virós y Santes Creus de Buiro.

En la vertiente occitana de l'Arieja destaca la iglesia medieval, el châteaux de Montréal de Sos y la maison des Patrimoines de Auzat. Las grutas con pinturas rupestres de Niaux quedan ya aguas abajo del río de Vic-de-Sòs.

En cuanto a las excursiones familiares recomendables en la zona destacaría el primer tramo de la ruta de acceso al refugio de Broate por sus impresionantes cascadas y la primera parte del camino al refuge de l'étang du Pinet por sus impresionantes bosques. Para el que le guste ver una bonita zona de ibones lo mejor será subir hasta el refugio de Baborte o de Baiau.

SOTLLO (3072 m)

• **Situación**: El Sotllo es un tresmil del Pirineo. Es una cumbre que hace frontera entre España y Francia. La cumbre divide las aguas del Noguera de la Vall Ferrera y el Noguera de Lladorre.

• **Aproximación**: Si queremos acceder por el norte, el lado francés, es por la carretera que va de Tarascó d'Arieja, pasando por Auzat, Vic-de-Sòs y que acaba en l'Artiga. Los itinerarios del lado sur, el catalán, se hacen remontando la Vall Ferrera desde Arreu o el valle de Broate desde Tavascan.

• **Ruta normal**:
Vall Ferrera (vía clásica). F (I). Son unas 6 horas para unos 1400 metros de desnivel. Es la ruta más habitual que sube por el refugio de Vall Ferrera y la Coma d'Estats. Una vez se llega al port de Sotllo (2894 m) hay que subir por la fácil arista hasta la cumbre.

• **Otras rutas**:
Vertiente norte. F (I). Es la ruta que va por el refugi de Pinet y sigue la valleta de Barz. Son unas 3 horas para unos 850 metros de desnivel desde el refugio de Pinet.
Contrafuerte noroeste (cresta de los Holandeses). F (I). Es la ruta que sube por Boavi y el refugi de Broate. Son unas 7 horas para unos 1600 metros de desnivel en total.
Vía de los Falsos Encantats (NW). AD (III+). Son unas 8 horas para unos 1600 metros de desnivel en total. Es una escalada en roca bastante buena.

Cresta norte (Guins de l'Ase). PD (II-). Son unas 3 horas desde el refugi de Broate y unos 850 metros de desnivel.

• **Refugios**: refugio de Vallferrera (1940 m), Refugi de Broate (2200 m) y refugi de l'Étang du Pinet (2225 m).

• **GPS** (WGS84): 31T 367860 4725285.

• **Mapas**: Pica d'Estats editorial Alpina 1/25000 y Pica d'Estats-Aneto IGN Rando 1/50000.

MONTCALM (3077 m)

- **Situación**: El Montcalm es el tresmil más oriental del Pirineo y cercano al mar Mediterráneo. Es una cumbre que está íntegramente en Francia.

- **Aproximación**: Si queremos acceder por el norte, el lado francés, es por la carretera que va de Tarascó d'Arieja, pasando por Auzat, Vic-de-Sòs y que acaba en el Pla de Soulcem. Los itinerarios del lado sur, el catalán, se hacen remontando la Vall Ferrera desde Arreu o el valle de Broate desde Tabascan.

- **Ruta normal:**

Vertiente oeste (Pinet). F (I). Son unas 3 horas para unos 850 metros de desnivel desde el refugio de Pinet y el coll de Riufred. No tiene dificultades técnicas especiales.

- **Otras rutas**:

Vertiente este (Riufred). F (I). Son unas 6 a 7 horas para unos 1500 metros de desnivel. La ruta sale del étang de Soulcem (1570 m) al que se llega por una pista que sale de Mounicou.
Vertiente norte (Fontanal). F (I). Son unas 7 horas para los casi 2000 metros de desnivel.
Travesía desde la Pica d'Estats (vertiente sur): Hay una hora escasa para ir de cumbre a cumbre.

- **Refugios**: refugio de Vallferrera (1940 m) y refugi de l'Étang du Pinet (2225 m).

- **GPS** (WGS84): 31T 369532 4725733.

• **Mapas**: Pica d'Estats editorial Alpina 1/25000 y Pica d'Estats-Aneto IGN Rando 1/50000.

PIC VERDAGUER (3159 m)

- **Situación**: El pic Verdaguer es un tresmil del Pirineo. Es una cumbre que hace frontera entre España y Francia. Está muy cerca de la cumbre más alta del macizo la Pica d'Estats.

- **Aproximación**: Si queremos acceder por el norte, el lado francés, es por la carretera que va de Tarascó d'Arieja, pasando por Auzat, Vic-de-Sòs y que acaba en la Artiga. Los itinerarios del lado sur, el catalán, se hacen remontando la Vall Ferrera desde Arreu o el valle de Broate desde Tabascan.

- **Ruta normal:**

Cresta este (Pica d'Estats). F (I). Hay una media hora de cumbre a cumbre por una cresta fácil y sin complicaciones.

- **Otras rutas**:

Cresta oeste (port de Sotllo). PD (II+). Hay una hora de escalada fácil para unos 250 metros de desnivel desde el port de Sotllo (2894 m). Se trata de una ruta alternativa y directa a la Pica d'Estats para los que no quieran dar el rodeo por Francia de la ruta normal.

- **Refugios**: refugio de Vallferrera (1940 m) y refugi de l'Étang du Pinet (2225 m).

- **GPS** (WGS84): 31T 368629 4725197.

- **Mapas**: Pica d'Estats editorial Alpina 1/25000 y Pica d'Estats-Aneto IGN Rando 1/50000.

PICA D'ESTATS (3169 m)

• **Situación**: La Pica d'Estats es un tresmil del Pirineo. Es una cumbre que hace frontera entre España y Francia. Es, también, la cumbre más alta de Catalunya.

• **Aproximación**: Si queremos acceder por el norte, el lado francés, es por la carretera que va de Tarascó d'Arieja, pasando por Auzat, Vic-de-Sòs y que acaba en l'Artiga. Los itinerarios del lado sur, el catalán, se hacen remontando la Vall Ferrera desde Arreu o el valle de Broate desde Tabascan.

• **Rutas normales**:

Vall Ferrera (vía clásica). F (I). Son unas 6-7 horas para unos 1500 metros de desnivel. Es la ruta más habitual. Sube por el refugio de Vall Ferrera y la Coma d'Estats. Una vez se llega al port de Sotllo (2894 m) hay que pasar al lado francés descendiendo unos metros hasta casi llegar al estany de la Cometa (2786 m) para remontar de nuevo y subir al coll de Riufret (2978 m). La subida a la cumbre se hace por su vertiente norte.

Datos GPS de los puntos clave de la ruta por Vallferrera

(Sistema de referencia RE50)

Aparcamiento refugi Vallferrera (GR-11)	31T 367623 4720469 1834
Cruce refugi Vallferrera – port de Boet (GR-11)	31T 367758 4720260 1843
Pont barranc de Baiau	31T 367787 4720251 1841

Cruce refugi Vallferrera al port de Boet	31T 367825 4720273 1864
Pont barranc d'Areste	31T 367959 4720596 1910
Refugi Vallferrera y fuente	31T 367911 4720641 1914
Cruce camino a la Pica d'Estats – estany d'Areste	31T 368097 4720931 2062
collado (camino a la Pica d'Estats)	31T 368002 4720922 2072
paso difícil (camino a la Pica d'Estats)	31T 367503 4721594 2135
Pont barranc de Sotllo	31T 367387 4721963 2146
vivac barranc de Sotllo (precario)	31T 367370 4722079 2124

Pinet. F (I). La subida es de unos 1973 metros de desnivel. No tiene unas dificultades técnicas especiales. El camino está bien señalizado con hitos y marcas amarillas. Nosotros tardamos unas tres horas largas para subir al refugio desde el coche y otras tantas (casi cuatro) para subir a la Pica d'Estats. La bajada fueron dos horas largas para cada tramo. Caso de poder disponer de tiempo es altamente recomendable, bajando, quedarse de nuevo a dormir en el refugio puesto que la excursión es larga y bastante agotadora. Al final de la temporada no se encontró nada de nieve aunque sí había algunas rocas heladas a primera hora de la mañana. La subida al refugio es bastante empinada con una pendiente muy regular y acentuada. La zona de bosque termina a unos 1650 metros justo al llegar a la cabaña. El camino por el bosque, según comenta un componente del grupo, estaría muy bien el poderlo hacer subido en el lomo de un caballo ... Desde el refugio el camino supera una primera pendiente para continuar luego a media montaña hasta encontrar el Étang de Montcalm. El Étang d'Estats queda en el fondo del valle y no se llega en ningún momento cerca de su orilla: se ve desde arriba. Una vez se supera el Étang de Montcalm se pasa por un grupo de pequeños *"étangs"* que nos conducirán sin pérdida hasta el collado que separa el Montcalm de la Pica d'Estats. Este tramo se puede subir bien si se hace como lo hicimos nosotros detrás de un "*sherpa*" que nos marcó un buen ritmo lento pero constante ... Una vez en la cresta se puede acceder fácilmente a los diferentes picos realmente sin dificultad de ninguna clase. Las cumbres en realidad no se llegan a apreciar bien hasta que llegas justo a la cresta cimera.

Datos GPS de los puntos clave de la ruta por Pinet

(Sistema de referencia RE50)

Aparcamiento de L'Artigue	31T 371095 4730047 1196
Puente sobre L'Artigue	31T 370596 4729947 1225
Cruce del camino con el de la cascada de l'Artigue	31T 370318 4729913 1247
Cabana de Bazurs	31T 369535 4729237 1672

Refugio de L'Étang du Pinet	31T 368741 4727987 2225
Étang de Montcalm inferior	31T 368857 4726709 2574
Étang de Montcalm mig	31T 368930 4726117 2859
Étang de Montcalm superior	31T 368948 4725926 2911
Collado Montcalm – Pica d'Estats I	31T 369162 4725707 3006
Collado Montcalm – Pica d'Estats II	31T 368976 4725435 3053
Collado Pica d'Estats – Verdaguer	31T 368765 4725368 3130
Pica d'Estats	31T 368804 4725282 3169
Pic Verdaguer	31T 368726 4725408 3159

• **Otras rutas**:

Arista oeste (directa). AD (III). Hay una hora y unos 300 metros de desnivel desde el port de Sotllo. Es una ruta de escalada en roca. Antes de llegar a la cumbre de la Pica d'Estats se pasa por un tresmil secundario que está al oeste de la cumbre principal: el Pic Verdaguer (3159 m).

Arista sureste (vía Gabarró). PD- (III). Son unas 3 horas y unos 700 metros de desnivel desde el estany d'Estats (2480 m). Aquí la ruta abandona el camino al port de Sotllo y vira al este para ir en dirección a un pequeño collado, del que sale una pequeña cascada de agua, y llegaremos al estany Gelat (2650 m). En este punto la ruta vira hacia el norte para subir el collet de l'Estanyol (2880 m) y luego descender a un pequeño estany. En

este último ya subiremos hacia la cresta para llegar al primer tresmil: el pic Rodó de Canalbona (3004 m). Continuaremos cresteando y llegaremos a la punta Gabarró (3114 m). Desde esta cumbre la arista parece más difícil pero hay que ir buscando los pasos y canales más fáciles por la vertiente sur que nos conducirán a la Pica d'Estats.
Cara suroeste. PD (II). Son unas 3 horas y unos 700 metros de desnivel desde el estany d'Estats (2480 m). En la pared hay algunas vías abiertas poco definidas ya que, en realidad, se puede pasar por cualquier lado haciendo algún que otro zigzag para evitar algún desplome o resalte vertical.

• **Refugios**: refugio de Vallferrera (1940 m), Refugi de Baborte (2438 m) y refugi de l'Étang du Pinet (2225 m).

• **Mapas**: Pica d'Estats editorial Alpina 1/25000 y Pica d'Estats-Aneto IGN Rando 1/50000.

• **GPS** (WGS84): 31T 367517 4725067.

PUNTA GABARRÓ (3114 m)

• **Situación**: La punta Gabarró es un tresmil secundario del Pirineo que está en el macizo de la Pica d'Estats. Es una cumbre fronteriza que está entre España y Francia.

• **Aproximación**: Si queremos acceder por el norte, el lado francés, es por la carretera que va de Tarascó d'Arieja, pasando por Auzat, Vic-de-Sòs y que acaba en el Pla de Soulcem. Los itinerarios del lado sur, el catalán, se hacen remontando la Vall Ferrera desde Arreu o el valle de Broate desde Tabascan.

• **Ruta normal:**

Arista sureste. PD- (III). Son unas 2 horas y media y unos 700 metros de desnivel desde el estany d'Estats (2480 m). Aquí la ruta abandona el camino al port de Sotllo y vira al este para ir en dirección a un pequeño collado, del que sale una pequeña cascada de agua, y llegaremos al estany Gelat (2650 m). En este punto la ruta vira hacia el norte para subir el collet de l'Estanyol (2880 m) y luego descender a un pequeño estany. En este último ya subiremos hacia la cresta para llegar al primer tresmil: el pic Rodó de Canalbona (3004 m). Continuaremos cresteando y llegaremos a la punta Gabarró (3114 m).

Desde el Pla de Soulcem, en Francia, se sube por la vall de Riufred hasta el estany de Canalbona (2741 m) y luego por una canal se accede a la cresta que llega a la brecha de Riufred (2919 m).

• **Otras rutas**:

Arista noroeste. PD (II). Desde la Pica d'Estats se puede recorrer la arista y después de superar unos resaltes en la zona de la brecha se puede llegar a la cumbre de la Punta Gabarró en algo más de media hora.

• **Refugios**: refugio de Vallferrera (1940 m).

• **GPS** (WGS84): 31T 368873 4724899.

• **Mapas**: Pica d'Estats editorial Alpina 1/25000 y Pica d'Estats-Aneto IGN Rando 1/50000.

PIC RODÓ DE CANALBONA (3004 m)

• **Situación**: El pic Rodó de Canalbona es un tresmil secundario del Pirineo que está en el macizo de la Pica d'Estats. Es una cumbre fronteriza que está entre España y Francia.

• **Aproximación**: Si queremos acceder por el norte, el lado francés, es por la carretera que va de Tarascó d'Arieja, pasando por Auzat, Vic-de-Sòs y que acaba en el Pla de Soulcem. Los itinerarios del lado sur, el catalán, se hacen remontando la Vall Ferrera desde Arreu.

• **Ruta normal:**

Arista sureste. F (I). Son unas 2 horas y unos 600 metros de desnivel desde el estany d'Estats (2480 m) y unas 4 horas desde el refugi de Vallferrera. Aquí la ruta abandona el camino al port de Sotllo y vira al este para ir en dirección a un pequeño collado, del que sale una pequeña cascada de agua, y llegaremos al estany Gelat (2650 m). En este punto la ruta vira hacia el norte para subir el collet de l'Estanyol (2880 m) y luego descender a un pequeño estany. En este último ya subiremos hacia la cresta para llegar al primer tresmil: el pic Rodó de Canalbona (3004 m). Si se continua por la cresta se puede llegar a la Pica d'Estats pasando por la Punta Gabarró (3114 m). Desde el Pla de Soulcem, en Francia, se sube por la vall de Riufred hasta el estany de Canalbona (2741 m) y luego por una canal se accede a la cresta que llega a la brecha de Riufred (2919 m).

• **Refugio**: refugio de Vallferrera (1940 m).

• **GPS** (WGS84): 31T 369015 4724581.

• **Mapas**: Pica d'Estats editorial Alpina 1/25000 y Pica d'Estats-Aneto IGN Rando 1/50000.

PICA ROJA (2903 m)

• **Situación**: La Pica Roja es una cumbre del Pirineo que está en el macizo de la Pica d'Estats. Es una cumbre fronteriza que está entre el municipio de Alins de la comarca del Pallars Sobirà (España) y l'Arieja (Francia).

• **Aproximación**: Si queremos acceder por el oeste, el lado francés, es por la carretera que va de Tarascó d'Arieja, pasando por Auzat, Vic-de-Sòs y que acaba en el Pla de Soulcem. Los itinerarios del lado oeste o sur, el catalán, se hacen remontando la Vall Ferrera desde Arreu.

• **Ruta normal**:

Arista norte. F (II-). Son unas 3-4 horas y unos 1000 metros de desnivel desde el refugio de Vallferrera (2903 m). Desde el refugio hay que ir por el torrent d'Areste remontando su ribera izquierda hasta llegar al torrent del Port Vell (2100 m) donde giraremos hacia la derecha. Siguiendo el curso del agua acabaremos llegando al port Vell o de Roumazet (2602 m) que comunica con el valle de Soulcem. La subida por la cresta hasta la cumbre se realiza por el lado de poniente. No tiene dificultades técnicas especiales.

• **Otras rutas**:

Arista sureste. F (II-). Desde el Pla de Bouet (1900 m) se remonta el valle hasta llegar al port de Bouet (2505 m). La cresta hasta la cumbre es fácil. Son unas 3-4 horas y unos 1000 metros de desnivel desde el refugio de Vallferrera (2903 m).

Vertiente este. F (II-). En la pasarela sobre el torrent de Soulcem (1776 m) sale un camino marcado hacia el sur por la orilla izquierda. Justo al pasar el Riou Blanc se rodea un espolón rocoso y se sube por una fuerte pendiente que sigue el margen derecho del curso de agua. Se pasa por varios orris y se llega al étang de Roumazet (2163 m). Al llegar a los 2300 metros tendremos que dejar el Riou Blanc para subir al Port Vell o de Roumazet (2602 m) siguiendo una dirección suroeste. Desde el collado se sube por la arista norte de la vía normal. Son unas 5 horas para subir los 1300 metros de desnivel. No tiene dificultades técnicas especiales.

• **Refugio**: refugio de Vallferrera (1940 m).

• **GPS** (WGS84): 31T 370471 4720382.

• **Mapas**: Pica d'Estats editorial Alpina 1/25000 y Pica d'Estats-Aneto IGN Rando 1/50000.

PIC DE BABORTE (2938 m)

• **Situación**: El pic de Baborte es una cumbre del Pirineo que está en el macizo de la Pica d'Estats. Es una cumbre que está entre los municipios de Alins y Lladorre de la comarca del Pallars Sobirà (España).

• **Aproximación**: Si queremos acceder por el sur o el este es por la vall de Baborte. El acceso por el norte o el oeste es por la vall de Broate. Todos los itinerarios se hacen remontando la Vall Ferrera desde Arreu.

• **Ruta normal**:
Arista sureste. F (I). Son unas 2 horas y unos 600 metros de desnivel desde el refugio de Baborte (2438 m). Desde el refugio nos encontraremos una gran cuenca con muchos estanys entrelazados entre sí. Lo mejor es ir por la vertiente del pic de Pedres Blanques en dirección noreste para poder llegar al coll de Baborte (2618 m). Es el paso obligado si queremos ir al circo del Sotllo o de la Pica d'Estats. Desde este amplio collado y por una ancha cresta se llega a la cumbre. No tiene dificultades técnicas especiales.

• **Refugios**: refugio de Baborte (2438 m) y refugi de Broate (2200 m).

• **GPS** (WGS84): 31T 366165 4724069.

• **Mapas**: Pica d'Estats editorial Alpina 1/25000 y Pica d'Estats-Aneto IGN Rando 1/50000.

MONTEIXO (2905 m)

• **Situación**: El Monteixo una cumbre del Pirineo que está en el macizo de la Pica d'Estats. Es una cumbre que está en el municipio de Alins de la comarca del Pallars Sobirà (España).

• **Aproximación**: Si queremos acceder por el oeste es desde el mismo pueblo de Arreu y su acceso por el norte es desde el párking del Pla de la Selva.

• **Ruta normal**:
Vertiente norte. PD (II). Son unas 5 horas y unos 1300 metros de desnivel desde el Pla de la Selva (1600 m). Hay que subir por un camino en dirección sureste hasta la cota aproximada de unos 1900 metros punto en el que se encuentra con un riachuelo. En la cota aproximada de los 2050 metros hay que abandonar la pista para subir por el sendero que sube junto al arroyo en dirección al estany d'Aixeus (2400 m). Un camino bien marcado y con fuerte pendiente, después de pasar un paso estrecho en un espolón, nos subirá directamente hasta la misma cumbre.

• **Otras rutas**:
Vertiente oeste. F (I). Desde el mismo pueblo de Arreu se cruza el Noguera de Vallferrera en el mismo párking del pueblo. A partir de aquí se sube directamente a campo a través hasta llegar a un pequeño bosquecillo situado en un rellano situado a los 2100 metros. Luego se sigue por la fuerte pendiente rocosa

hasta la misma cumbre. Hay unos 1600 metros de desnivel que se hacen en unas 6 horas.

• **GPS** (WGS84): 31T 365592 4717892.

• **Mapas**: Pica d'Estats editorial Alpina 1/25000 y Pica d'Estats-Aneto IGN Rando 1/50000.

GUINS DE L'ASE (2962 m)

• **Situación**: Els Guins de l'Ase es una cumbre del Pirineo que está en el macizo de la Pica d'Estats. Es una cumbre que está en la frontera entre el municipio de Lladorre de la comarca del Pallars Sobirà (España) y de l'Arieja (Francia).

• **Aproximación**: Si queremos acceder por el este, el lado francés, es por la carretera que va de Tarascó d'Arieja, pasando por Auzat, Vic-de-Sòs y que acaba en la Artiga. Los itinerarios del lado oeste, el catalán, se hacen remontando la Vall Ferrera desde Arreu y luego por la vall de Broate.

• **Ruta normal**:
Arista norte. F (I). Son unas 3 horas y unos 900 metros de desnivel desde el refugio de Broate (2200 m). Desde el refugio hay que subir al collado que separa el Sotllo del Guins de l'Ase a 2863 metros. Luego se sube por la cresta algo rota en dirección norte a la cumbre. No tiene dificultades técnicas especiales.

• **Refugios**: refugi de Broate (2200 m) y refuge de l'étang du Pinet (2225 m).

• **GPS** (WGS84): 31T 367835 4726290.

• **Mapas**: Pica d'Estats editorial Alpina 1/25000 y Pica d'Estats-Aneto IGN Rando 1/50000.

REFUGI DE VALLFERRERA (1940 m)

• **Nombre oficial** (en catalán): Refugi de la Vall Ferrera. Es propiedad de la FEEC (Fereració d'Entitats Excursionistes de Catalunya).

• **Situación**: El refugio está situado en el Pirineo catalán y, en concreto, en el macizo de la Pica d'Estats. Está en el municipio de Alins comarca del Pallars Sobirà a la derecha de la salida del barranco de Areste.

• **Aproximación**: Es por la carretera que va de Llavorsí a Alins y Àreu.

• **Ruta**: Desde Àreu hay que continuar por la pista, sin asfaltar y en mal estado, hasta el aparcamiento de la Molinassa (1820 m) unos 12 kilómetros. A partir de la presa de la Farga la pista, en principio, está restringida al tráfico. El refugio queda cerca del Pla de Boet donde hay que cruzar el río por una palanca. Queda a mano izquierda al otro lado del Noguera de Vall Ferrera. Se tardan unas tres horas y media para subir al refugio si hay que hacer todo el recorrido a pie. Si llegamos hasta el final de la pista con el coche son unos 15 minutos y superar unos 150 metros de desnivel.

• **Principales ascenciones**: Pica d'Estats (3169 m), Sotllo (3072 m), Montcalm (3077 m), Pic Verdaguer (3159 m), Punta Gabarró (3114 m), pic Rodó de Canalbona (3004 m), Canalbona (2959 m), Coma Pedrosa (2949 m), pica de la Roca

Entrevessada (2927 m), pic Sanfonts (2908 m), pica Roja (2902 m), pica de Gerri (2859 m), pic dels Estanys (2958 m), pic de Baborte (2938 m), Monteixo (2905 m), pic de Lavans (2889 m) y pic de Noris (2834 m).

• **Travesías**: Refugi de Baborte (2438 m), refugi de Baiau (2490 m) y el GR-11 hacia Àreu o hacia la portella de Baiau (2790 m).

• **GPS** (WGS84):
Refugio de la Vall Ferrera: 31T 367793 4720433.

• **Altura**: 1940 metros.

• **Web**: Refugi Vallferrera (www.refugivallferrera.com).

• **Mapas**: Pica d'Estats editorial Alpina 1/25000 y Pica d'Estats-Aneto IGN Rando 1/50000.

• **Comentario personal**: El refugio está, en mi opinión, demasiado bajo y lejos para ir a la Pica d'Estats por lo que es mejor estudiar la alternativa de Pinet o de Baborte.

REFUGE DE L'ÉTANG DU PINET (2225 m)

•**Nombre oficial** (en francés): Étang Pinet. Es propiedad del CAF (Club Alpin Français).

• **Situación**: El refugio está situado en el Pirineo francés y, en concreto, en el macizo de la Pica d'Estats. Está en la commune d'Auzat en el corazón del macizo justo en el borde de l'Étang du Pinet en un bello mirador.

• **Aproximación**: Es por la carretera que va de Tarascó d'Arieja, pasando por Auzat, Vic-de-Sòs y que acaba en l'Artiga.

• **Ruta**: Desde l'Artiga hay que continuar por la pista hasta un aparcamiento que queda al final. El camino está bien señalizado con hitos y marcas amarillas. Se tardan unas tres horas largas para subir al refugio desde el coche y superar los algo más de 1000 metros de desnivel. La subida al refugio es bastante empinada con una pendiente muy regular y acentuada. La zona de bosque termina a unos 1650 metros justo al llegar a la cabaña de Bazurs.

• **Principales ascenciones**: Pica d'Estats (3169 m), Sotllo (3072 m), Montcalm (3077 m), Pic Verdaguer (3159 m) y Punta Gabarró (3114 m).

• **Travesías**: circuito transfronterizo la Porta del Cel y tour del Montcalm.

• **GPS** (RE50):
Aparcamiento de l'Artiga: 31T 371095 4730047.
Refugio de l'Étang du Pinet: 31T 368741 4727987.
• **GPS** (WGS84):
Refugio de l'Étang du Pinet: 31T 368638 4727761.

• **Altura**: 2225 metros.

• **Mapas**: Pica d'Estats editorial Alpina 1/25000 y Pica d'Estats-Aneto IGN Rando 1/50000.

• **Web**: CAF (www.ffcam.fr).

• **Comentario personal**: El refugio está muy bien acondicionado, tiene ducha de agua caliente, cierra durante la temporada de invierno y tiene unos guardas muy simpáticos.

REFUGI DE BABORTE (2438 m)

• **Nombre oficial** (en catalán): Refugi Baborte. Es propiedad de la UEC (Unió Excursionista de Catalunya).

• **Situación**: El refugio está situado en el Pirineo catalán y, en concreto, en el macizo de la Pica d'Estats. Está en el municipio de Alins comarca del Pallars Sobirà en la entrada de las aguas del estany de Baborte y a medio camino del estany de Baborte de Dalt.

• **Ruta**: Desde Àreu hay que continuar por la pista hasta la presa de la Farga (1370 m). A partir de la presa la pista, en principio, está restrigida al tráfico. En este punto, hay que cruzar el río por una palanca. El camino que hay que seguir queda a mano izquierda al otro lado del Noguera de Vall Ferrera. Pasadas las bordas de la Rebuira el camino sube por el valle de la izquierda. Se tardan unas cuatro horas para subir al refugio desde la presa de la Farga o los plans de Boabi y superar los 1100 metros de desnivel. Desde el mismo pueblo de Àreu hay que contar unas 5 horas.

• **Principales ascenciones**: Pica d'Estats (3169 m), Sotllo (3072 m) y Pic de Baborte (2938 m).

• **Travesías**: Al refugi de Vall Ferrera (1940 m) unas 3 horas.

• **GPS** (WGS84):
Refugio de Baborte: 31T 365746 4722879.

• **Altura**: 2438 metros.

• **Mapas**: Pica d'Estats editorial Alpina 1/25000 y Pica d'Estats-Aneto IGN Rando 1/50000.

• **Web**: UEC (www.uec.cat).

• **Comentario personal**: Como todos los vivacs por fuera no es que se vea muy acogedor por su aspecto metálico encapsulado pero por dentro está bien organizado con un pequeño vestíbulo, una zona dormitorio de madera y un fondo con una mesa y sillas. Tiene buenas vistas.

REFUGI DE BROATE (2200 m)

• **Nombre oficial** (en catalán): Refugi de Broate. Es propiedad de la FEEC (Federació d'Entitats Excursionistes de Catalunya).

• **Situación**: El refugio está en el Pirineo catalán y, en concreto, en el macizo de la Pica d'Estats. Está en el municipio de Tavascán comarca del Pallars Sobirà en un montículo a la izquierda del río Broate.

• **Ruta**: Se accede por la pista forestal que va de Tavascan a Boavi. Desde el Planell de Boavi (1460 m), en el que hay una zona de acampada, hay que seguir el valle hasta el refugio. Son unas tres horas largas para unos 750 metros de desnivel.

• **Principales ascenciones**: Sotllo (3072 m), Cap de Broate (2734 m), Pic de Brougat (2706 m), Guins de l'Ase (2960 m) y Pic dels Estanys (2953 m).

• **GPS** (WGS84):
Refugio de Broate: 31T 366559 4726844.

• **Altura**: 2200 metros.

• **Mapas**: Pica d'Estats editorial Alpina 1/25000 y Pica d'Estats-Aneto IGN Rando 1/50000.

• **Web**: FEEC (www.feec.cat).

REFUGI DE BAIAU (2517 m)

• **Nombre oficial** (en catalán): Refugi Josep Maria Montfort. También se conoce como refugi de Baiau. Es propiedad de la FEEC (Federació d'Entitats Excursionistes de Catalunya).

• **Situación**: El refugio está situado en el Pirineo catalán y, en concreto, en el macizo de la Pica d'Estats. Está en el municipio de Alins comarca del Pallars Sobirà y concretamente en el circo lacustre de Baiau.

• **Ruta**: Desde Àreu hay que continuar por la pista hasta la presa de la Farga (1370 m). A partir de la presa la pista, en principio, está restrigida al tráfico. Luego se continua por la pista forestal hasta el pont de la Molinassa donde se toma la ruta del GR-11 y no se deja hasta la misma puerta del refugio. Hay unas 4 horas para los 1000 metros de desnivel a superar.

• **Principales ascenciones**: pic Lavans (2893 m), Medracorba (2907 m), pic de Baiau (2879 m), Roca Entrevessada (2927 m), Santfons (2886 m) y Coma Pedrosa (2945 m).

• **Travesías**: Al refugi de Vall Ferrera (1940 m) unas 3 horas y al refugi de Coma Pedrosa (2260 m) unas 3 horas.

• **GPS** (WGS84): 31T 371130 4717322.

• **Altura**: 2517 metros.

• **Mapas**: Pica d'Estats editorial Alpina 1/25000 y Pica d'Estats-Aneto IGN Rando 1/50000.

• **Web**: FEEC (www.feec.cat).

• **Comentario personal**: Es un refugio vivac libre y con buenas vistas.

INTERNET

- **Más información, vídeos y fotos.**

Sotllo: http://www.posets.com/blog/?p=2624

Montcalm: http://www.posets.com/blog/?p=2683

Pic Verdaguer: http://www.posets.com/blog/?p=3620

Pica d'Estats: http://www.posets.com/blog/?p=1342

Punta Gabarró: http://www.posets.com/blog/?p=2703

Pic Rodó de Canalbona: http://www.posets.com/blog/?p=2713

Pica Roja: http://www.posets.com/blog/?p=3630

Pic de Baborte: http://www.posets.com/blog/?p=3636

Monteixo: http://www.posets.com/blog/?p=3654

Guins de l'Ase: http://www.posets.com/blog/?p=3641

Refugi Vallferrera: http://www.posets.com/blog/?p=2654

Refugi Étang du Pinet: http://www.posets.com/blog/?p=2539

Refugi de Baborte: http://www.posets.com/blog/?p=2587

Refugi de Broate: http://www.posets.com/blog/?p=2618

Refugi de Baiau: http://www.posets.com/blog/?p=3658

OTROS LIBROS DEL AUTOR

- **Título**: *Diccionario de montaña.*
- **Resumen**: Diccionario con los términos de montaña y escalada más habituales.

- **Título**: *Macizo de Besiberri.*
- **Resumen**: Guía explicativa de las ascensiones a los picos del macizo del Besiberri que superan los 3000 metros junto con las referencias de los refugios de la zona y todos los datos GPS.

- **Título**: *Barre des Écrins (4101 m).*
- **Resumen**: Ficha técnica de la cumbre de la Barre des Écrins (4101 m) de los Alpes franceses con información de sus vías de acceso, refugios y datos GPS.

- **Título**: *Si lo sé .... ¡No vengo!*
- **Resumen**: Pequeño resumen explicativo de las cuestiones básicas y preliminares a tener en cuenta para preparar bien una excursión.

- **Título**: *Muy trabajados y mal alimentados.*
- **Resumen**: Resumen explicativo teórico y práctico sobre la alimentación en la montaña con ejemplos prácticos.

- **Información**: http://www.posets.com/blog/?page_id=3216

www.ingramcontent.com/pod-product-compliance
Ingram Content Group UK Ltd.
Pitfield, Milton Keynes, MK11 3LW, UK
UKHW020229250726
13967UKWH00001B/264

9 781471 758577